お菓子好きのための

クリームの本

Cream Book

小松友子

みなさんはクリームが好きですか？

実は私、クリームが大嫌いでした。笑

小学生のとき、朝礼で軽い熱中症になり倒れたことがあるのですが、そのときは苦手なクリームが頭の中を走馬灯のように駆け巡ったことをよく覚えています。そのくらいクリームが嫌いでした。

それから月日が経って嗜好も変わり、今では日々レシピを研究するほどのクリーム好きになったのです。

振り返れば、生まれながらのクリーム好きではなかったからここまでレシピを追究することになったのかもしれません。さまざまなこだわり（わがまま？笑）があったのです。その日の気分や体調によって食べたいクリームは違います。こってり高カロリーの濃厚なクリームがいいときもあれば、あっさりした軽いクリームがいいときもあります。時間をかけられるときもあればそうでないときもあります。

そんなクリームに対する想いとともに過ごしている中、ひょんなことがきっかけで完成したのが「牛乳で作るホイップクリーム」でした。

YouTubeにアップするやいなや爆発的に再生され、この一本の動画を通してクリームというものがいかに多くの人に愛され必要とされているかということ。また、さまざまな理由でクリームを食べたいけど食べられない人々が存在するということを知ることになったのです。

コメント欄やメッセージを通じて、たくさんの感想や質問が届きました。「罪悪感なくたっぷりクリームを食べられるのが最高！」「家にある材料で作れるのがうれしい！」「乳糖不耐症なので豆乳で作れませんか？」「アレンジの仕方を教えてほしい」etc.

そんな視聴者さんのリクエストに応えるべく、いろいろな材料を使ってクリーム作りを追究するうちに、いつの間にかたくさんのクリームレシピが完成していたのです。

本書では、数あるレシピの中から厳選された自宅で手軽に作れるクリームを定番から変わり種まで。さらにクリームの個性を生かすことができるスイーツレシピをご紹介しています。

不思議とクリームは人々に笑顔を与えてくれます。特別な日にはもちろんのこと、日々のティータイムにも幸せのスパイスを加えられるのがクリームなのです。

クリームが食べたくなったとき、本棚からさっと取り出して図鑑のように使っていただけたらうれしいです。

本書を通じて1人でも多くの方に、クリームの魅力とお菓子作りの楽しさが伝わりますように。そしてクリームを通じて幸せの笑顔がたくさん生まれますように。

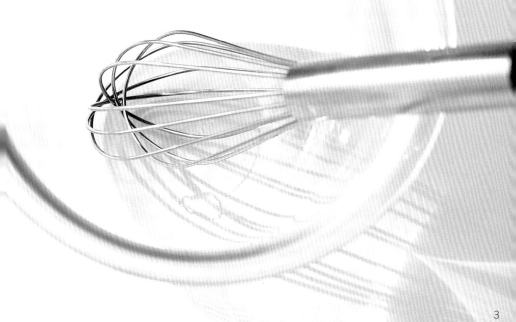

Contents　　はじめに……2

クリームを使ったお菓子レシピ……79

基本の道具

クリーム作りに使用する道具をご紹介します。
ふわふわでなめらかなクリームを作るためには、
道具選びにもちょっとしたポイントがあります。

ボウル

クリームを泡立てるときには、深さのあるボウルを選びましょう。ハンドミキサーのビーターがクリームに接触する部分が多いほど早く泡立てることができます。熱伝導がよく冷えやすいステンレス製またはガラス製がおすすめです。

大きいサイズのボウルも用意しておきましょう。ステンレス製のほかに、ポリカーボネート製のものがあると便利。ポリカーボネート製は熱が伝わりにくいので、クリームを冷やしながら泡立てる際、冷たい状態を保つのに役立ちます。

泡立て器

クリームやメレンゲを泡立てるときはワイヤーが細く本数が多いもの、お菓子の生地やバターなどを混ぜるときはワイヤーが太いものが向いています。小さい器でチョコレートや抹茶を溶かすときにはミニサイズが便利です。

へら

クリームや生地を混ぜるときに使います。クリーム作りには、ボウルの底や側面にフィットするゴムべらが使いやすいでしょう。耐熱、耐冷性を備えたもので、通常サイズとミニサイズがあると便利です。

ハンドミキサー

クリームの泡立てやかき混ぜを楽にできるので、一台は用意しておくことをおすすめします。クリーム作りには、ビーターが細いはりがね型が適しています。80W以上のものを選びましょう。

ハンドブレンダー

固形のものをなめらかにするために使います。本書では基本のブレンダーアタッチメントがあれば大丈夫です。機種によってはアタッチメントを取り換えて、さまざまな用途に使えるものもあるので、必要に応じて選びましょう。ミキサーでも代用可能です。

ざる

カスタードクリームや寒天を使ったホイップクリームを作る際に、液体をこす道具として使います。網目の細かいものがおすすめです。

絞り袋と口金

クリームをデコレーションするときに使います。牛乳しっかりホイップクリーム (p.36) や牛乳寒天ホイップクリーム (p.37) はデコレーションに向いているので、ぜひ使ってみてください。

基本の材料

本書で紹介しているクリームで使う、おもな材料をご紹介します。
絶妙な口当たりや風味を出すために厳選した材料もあるので、
参考にしてください。

生クリーム

基本的には乳脂肪分42%のものを使っています(それ以外の生クリームを使う場合は、レシピに表記しています)。乳脂肪分35%と47%を割って使ってもよいでしょう。

牛乳

成分無調整の牛乳がおすすめですが、無脂肪牛乳でもすっきりとした味わいのクリームができます。牛乳クリームチーズ(p.46)は成分無調整を使いましょう。

豆乳

成分無調整豆乳で、大豆固形分が8%以上のものを使いましょう。大豆固形分の割合が多いほど、重ためのクリームになります。

アーモンドミルク

濃厚タイプの無添加アーモンドミルクでないとホイップクリームにならないこともあるので注意。アーモンド含有率8〜10%、無糖のものを使っています。

大豆飲料

豆乳は大豆からおからを除いたもので作られますが、大豆飲料は大豆を丸ごと使っています。大豆ふわふわホイップクリーム(p.62)では大豆固形分が13%の大豆飲料を使用。

甘酒

米麹甘酒を使っています。なるべく水分量の少ない濃いタイプの甘酒がおすすめです。水分量の多い甘酒だと豆乳甘酒アイス(p.60)が硬くなってしまうので注意してください。

砂糖

砂糖はこの4種を使っています。基本的には上白糖を使い、舌触りや風味に応じて、きび砂糖、グラニュー糖、粉糖を使い分けています。

薄力粉

カスタードクリームなど、もったりとしたクリームを作るときに使っています。

製菓用チョコレート

ガナッシュクリーム (p.22) のほか、バリエーションとしてチョコレート味のクリームを作るときに使います。カカオ本来の味が感じられる製菓用を使うのがおすすめです。

粉ゼラチン

粉ゼラチンにはふやかすタイプとふやかし不要のものがあります。ふやかし不要のものでもふやかして使用することを推奨しています。ゼラチンの種類によって、ふやかす際に水が足りない場合は適量を足してください。

粉寒天

煮溶かすだけで使えますが、温度が低かったり時間が短かったりすると固まらないことがあるので、しっかり煮溶かして使ってください。牛乳寒天ホイップクリーム (p.37) で使用。

コーンスターチ

カスタードクリームなど、トロッとやわらかいクリームに使います。コーンスターチを入れることでクリームの固まり方がゆるやかになるので、ダマができにくいという利点も。

ココナッツオイル

冷えると固まる性質を利用してクリームを作ります。無味無臭のものを使いましょう。

にがり

マグネシウム含有量が少ないと、ホイップ性が弱まります。100mlサイズのにがりなら大体大丈夫ですが、300mlなど大きなペットボトルに入っているものはマグネシウム濃度が薄いことが多いので注意を。

バニラビーンズ
バニラビーンズペースト
バニラエッセンス

バニラの香りをつけたいときに使います。バニラ本来の香味を楽しみたいならバニラビーンズが最良ですが、バニラビーンズペーストやバニラエッセンスでも代用できます。

バニラビーンズの使い方

バニラビーンズは棒状のさやの中に小さな種が入っていて、カスタードクリームではこの種を使っています。包丁でさやに切れ目を入れて開き、包丁の背で種をこそげ取りましょう。種はクリームと一緒に煮込むことで香りがつきます。使わなかった種やさやはラップなどでぴったり包み、冷凍庫で保存できますが、できるだけ早めに使い切りましょう。

レシピについて

・計量単位は、小さじ1＝5ml、大さじ1＝15mlです。

・卵は記載がない場合、1個約55g（Mサイズ）を使用しています。

・バターは記載がない場合、無塩を使用しています。

・電子レンジの出力は600Wを使用しています。

・レシピ内に記載している攪拌時間などは、おおよその目安です。使用する道具やクリームの温度などによっても変わるので、状態を確認しながら進めてください。

・オーブンの加熱時間はご使用のものに合わせて調節してください。

クリームのレシピ

Cream recipes

基本のクリームはもちろん、牛乳や豆乳、ヨーグルトなど、
さまざまな素材を使ったクリームをご紹介します。

1

生クリーム

Fresh cream

クレーム・シャンティ

ホイップクリームの王様、クレーム・シャンティ。
使用するスイーツによって泡立て具合を調整します。
マスターしていろいろなお菓子に応用してみてください。

保存

冷蔵保存 24時間

冷凍保存 1か月（解凍後のかき混ぜ不可）

＊冷凍保存したクレーム・シャンティは解凍すると液体に戻り、再度ホイップ状にはなりません。液体状の生クリームをチョコレートと混ぜてチョコレートシロップにしたり、冷凍のままコーヒーにのせたりしてお楽しみください。

クレーム・シャンティ

用途（例）

5分立て……ソース

6分立て……ムース、ババロア、チョコレートクリーム

7分立て……ナッペ、ムース、ババロア、ガトーショコラ（p.80）

8分立て……ショートケーキのサンド＆デコレーション、ロールケーキ、トライフル（p.82）

9分立て……フルーツサンド

材料 ［ でき上がり量215g ］

生クリーム（脂肪分35〜47%）……200mℓ
　＊35%のクリームでは8分立てまでしか泡立ちません。

グラニュー糖……15g

作り方

1 生クリームはパックごと数回ふってボウルに入れる。ボウルごと氷水に当て、グラニュー糖を加える。

2 氷水に当てながら泡立て器で泡立てる。

Point

・あればお好みのリキュール（キルシュ、グラン・マルニエ、コワントローなど）を加えてもよいでしょう。

・ハンドミキサーを使う場合、最初は泡立て器でゆっくりと混ぜ、砂糖を溶かしてからハンドミキサーの低速で泡立てます。とろみがつきはじめたら泡立て器に変え、こまめに硬さを確認しながら泡立てましょう。泡立てすぎに注意してください。

3 （5分立て）

全体にとろみがつき、泡立て器を持ち上げると流れ落ち、クリームの跡が残らないくらいにする。

4 （6分立て）

さらにとろみがつき、泡立て器ですくうとゆるゆると流れ落ち、流れ落ちたクリームの跡がすっと消えていくくらいにする。

5 （7分立て）

全体がもったりとして、泡立て器ですくうと落ちていくが、落ちたクリームの跡は残るくらいにする。

6 （8分立て）

さらにもったりとして、泡立て器ですくい上げたクリームは留まり、そのクリームの先が少し曲がるくらいにする。

7 （9分立て）

マットな質感になり、クリームの先が立つくらいにする。

チョコホイップクリーム

材料 [でき上がり量250g]
生クリーム（脂肪分35〜47%）
　……200㎖
チョコレート……50g

作り方
1 ボウルに刻んだチョコレートを入れ
　湯せんで溶かす。
2 生クリームを少しずつ加え、泡立て
　器で溶き伸ばすように混ぜる。
3 「クレーム・シャンティの作り方」3〜
　7を参考に（p.16）、好みの硬さにする。

抹茶ホイップクリーム

材料 [でき上がり量235g]
生クリーム（脂肪分35〜47%）
　……200㎖
グラニュー糖……25g〜
抹茶……大さじ1と1/2

作り方
1 抹茶はふるい、ボウルでグラニュー
　糖とよく混ぜ合わせる。
2 生クリームを少しずつ加え、泡立て
　器で溶き伸ばすように混ぜる。
3 「クレーム・シャンティの作り方」3〜
　7を参考に（p.16）、好みの硬さにする。

クロテッドクリーム

スコーンには欠かせないクロテッドクリーム。
本来は長時間牛乳を煮詰めて作るものですが、
生クリームを使って手軽に仕上げます。

用途（例）

スコーン（p.84）、パン

材料 ［ でき上がり量140〜150g ］

生クリーム（無添加乳脂肪47%）……200㎖

作り方

1 口の広い厚手の鍋に生クリームを入れ、中火にかける。ゴムべらで混ぜながら温める。

2 沸騰したら3〜5分加熱して煮詰める。

3 黄色っぽくなりとろみがついたら火から下ろし、器に移す。

4 粗熱が取れたら冷蔵庫で1〜2時間冷やす。

Point

低い脂肪分の生クリームでも作れますが、でき上がり量が少なくなります。

保存

冷蔵保存 2〜3日

冷凍保存 1か月

ディプロマットクリーム

カスタードと生クリームを両方味わいたい欲張りさんにおすすめ。
カスタードクリームに生クリームのコクがプラスされ、
濃厚リッチな味わいです。

用途（例）

タルト、ミルフィーユ、ミルクレープ、パイカスター (p.86)

材料 ［ でき上がり量約350g ］

全卵で作るカスタードクリーム (p.40) ⋯⋯250g

クレーム・シャンティ8分立て (p.14) ⋯⋯100g

作り方

1 冷えたカスタードクリームはボウ
ルに移し、泡立て器で混ぜてやわ
らかくする。

2 クレーム・シャンティを1/3量加え
て泡立て器でぐるぐると混ぜる。さ
らにクレーム・シャンティ半量を加
えて切るように混ぜる。

3 クレーム・シャンティの残りをすべ
て加えてふんわりと混ぜ合わせる
（混ぜすぎ注意）。

Point

カスタードがしっかり冷えていないと
クレーム・シャンティが溶けてゆるく
なってしまいます。ディプロマットク
リームの用途によって生クリームの泡
立て具合を変えてください。

保存

冷蔵保存 1〜2日

冷凍保存 不可

ガナッシュクリーム

溶かしたチョコレートに生クリームを加えて作る
チョコレートクリーム。ふたつの割合を変えるだけで、
さまざまなスイーツに使えます。
ホワイトチョコレートを使えば、
いちごや抹茶などのアレンジも可能です。

用途（例）

なめらかガナッシュ……マカロン（p.88）、トリュフ、生チョコ

やわらかガナッシュ…ケーキや焼き菓子のコーティング

とろとろガナッシュ…チョコソース、チョコフォンデュ

保存

冷蔵保存	2〜3日
冷凍保存	1か月

材料 〔 でき上がり量約150〜300g 〕

・なめらかガナッシュクリーム

　ダークまたはスイートチョコレート
　（カカオ分60％程度）……100g

　生クリーム……50㎖

・やわらかガナッシュクリーム

　ダークまたはスイートチョコレート
　（カカオ分60％程度）……100g

　生クリーム……100㎖

・とろとろガナッシュクリーム

　ダークまたはスイートチョコレート
　（カカオ分60％程度）……100g

　生クリーム……200㎖

作り方

1 鍋に生クリームを入れ、弱火にかけて温める。沸騰直前に火から下ろす。

2 細かく刻んだチョコレートを加える。チョコレートが溶けるまでそのまま置いておく。

3 へらでゆっくりつやが出るまで混ぜ合わせる。

Point

使用するチョコレートのカカオ分によって仕上がりが異なります。

Variation

いちごガナッシュ

材料 〔でき上がり量約150g〕
ホワイトチョコレート……100g
生クリーム……50㎖
いちごパウダー……小さじ2
作り方
「ガナッシュクリームの作り方」**3**でいちごパウダーを加える。

抹茶ガナッシュ

材料 〔でき上がり量約150g〕
ホワイトチョコレート……100g
生クリーム……50㎖
抹茶パウダー……小さじ2
作り方
「ガナッシュクリームの作り方」**3**で抹茶パウダーを加える。

塩キャラメルクリーム

しっかりコクのあるほろ苦いキャラメルソースです。
アイスやパンケーキにかけたり、クッキーに挟んだり、
さまざまなスイーツに使えます。

用途（例）

アイス、パンケーキ、クッキーサンド、アメリカンワッフル (p.114)

材料 ［ でき上がり量120g ］

砂糖……60g

水……小さじ1

生クリーム……100㎖

塩……ふたつまみ

作り方

1 小鍋に砂糖と水を入れて弱めの中火にかける。ときどき鍋を揺すりながら全体に色をつける。

2 別の鍋に生クリームを入れて中火にかけ、沸騰するまで温める。

3 **1**が濃いキャラメル色になったら火を消し、**2**を2回に分けて加える（キャラメルが飛び跳ねることがあるので注意）。

4 最後に塩を加えて混ぜ合わせる。

Point

生クリームを入れるとキャラメルが薄まるので、しっかりと色づくまで加熱します。

保存

冷蔵保存 2週間

冷凍保存 1〜2か月

濃厚バニラアイスクリーム

混ぜて固めるだけで口溶けのよいバニラアイスが作れます。
途中のかき混ぜも不要。
お店のようななめらかな舌触りをおうちで再現！

用途（例）

そのまま！

パンやホットケーキにのせても

材料 ［ でき上がり量約240g ］

卵……2個

生クリーム……100㎖

砂糖……35g

バニラビーンズペースト……適量

作り方

1 卵は卵白と卵黄に分ける。

2 ボウルに卵白と砂糖20gを入れハンドミキサーで泡立てる。しっかりとしたメレンゲになったら卵黄を入れて混ぜる（ビーターは洗わなくてよい）。

3 別のボウルに生クリームと砂糖15gを入れハンドミキサーで7分立てにする。

4 3にバニラビーンズペーストを入れ、2を3回に分けて加えながらハンドミキサーの低速で混ぜる。保存容器に流し入れ、冷凍庫で6〜8時間冷やし固める。

保存

冷凍保存 1か月

Point

生クリームは泡立てすぎると軽くなり、卵黄液が沈殿することがあります。7分立て（全体がもったりとして、泡立て器ですくって落とすと跡がゆっくり消えていくくらい）がおすすめです。

2

牛乳クリーム

Milk cream

牛乳ふわふわホイップクリーム
牛乳で作る夢のような天使のホイップクリーム。
YouTubeで281万回再生され、
チャンネルが大きく成長するきっかけとなった
話題のクリームです。

保存

冷蔵保存 不可（ムース状に固まる）

冷凍保存 不可（ふわふわ状のアイスになる）

牛乳ふわふわ
ホイップクリーム

用途〔例〕
パンケーキ (p.90)

材料〔 でき上がり量約290g 〕

牛乳……250mℓ

｜ 粉ゼラチン……5g

｜ 水……大さじ1

砂糖……20g

バニラエッセンス……数滴

作り方

1　粉ゼラチンは水にふり入れ、10分以上ふやかしておく。

2　鍋に牛乳1/2量、1、砂糖を入れ、中火にかける。ゴムべらで混ぜながら温める。

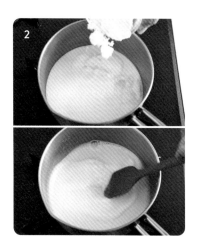

Point

ゼラチンの粒がなくなるまでしっかり溶かしましょう。

3 粉ゼラチンが溶けたら火から下ろし、残りの牛乳を加えて混ぜる。

4 ボウルに移し、氷水に当てて冷やしながらときどき混ぜる。

5 少しとろみがつきはじめたら、バニラエッセンスを加えハンドミキサーの高速で泡立てる(2～3分)。

6 かさが約2倍に増し、ふわふわのホイップ状になったらゴムべらに変えて好みの硬さになるまでやさしく混ぜる。

Point

たっぷりの氷水の中でしっかり冷やしながら攪拌するのがポイントです。氷水の中に当てたままにするとゼラチンの力で固まってしまうので、食べる直前に泡立てましょう。固まりはじめる前に混ぜることによってホイップ状を保つことが可能です。

紅茶の牛乳ホイップ
クリーム [左]

材料 [でき上がり量約290g]

牛乳……250mℓ

　粉ゼラチン……5g

　水……大さじ1

砂糖……20g

ティーバッグ（アールグレイ）
　　……2個

作り方

1 粉ゼラチンは水にふり入れ、10分以上ふやかしておく。

2 鍋に牛乳を入れ中火にかける。沸騰直前で火から下ろし、ティーバッグを入れて鍋の蓋をして3分置く。

3 ティーバッグをしごき、紅茶の香りを牛乳にしっかりと移して取り出す。1と砂糖を加え、ゼラチンが溶けるまで混ぜる。

4 ボウルに移し、氷水に当てて冷やしながらときどき混ぜる。少しとろみがつきはじめたら、ハンドミキサーの高速で泡立てる（2〜3分）。

5 ふわふわのホイップ状になったらゴムべらに変えて好みの硬さになるまでやさしく混ぜる。

いちごの牛乳ホイップクリーム [右]

材料 [でき上がり量約320g]

牛乳……250mℓ

　粉ゼラチン……5g

　水……大さじ1

砂糖……20g

いちごジャム……30g〜

作り方

「牛乳ふわふわホイップクリームの作り方」5で、バニラエッセンスの代わりにいちごジャムを加え、泡立てる。

牛乳しっかりホイップクリーム

デコレーションもできる牛乳で作るホイップクリームです。
後味がすっきりとしているうえ、
生クリームに比べて低カロリーなのもうれしいです。

牛乳寒天ホイップクリーム

寒天で固めるクリームは
常温で溶けないので持ち運びにも安心です。
絞り出しも可能なので、
さまざまなトッピングに使用することができます。

牛乳しっかりホイップクリーム

用途（例）

カップショートケーキ (p.92)、
ケーキのデコレーション

材料 ［ でき上がり量約240g ］

牛乳…… 200mℓ

粉ゼラチン……5g

水……大さじ1

コーンスターチ……5g

砂糖……18g（お好みで増やす）

バニラエッセンス……数滴

保存

クリーム状での保存　不可

デコレーション等使用後

　冷蔵保存　1〜2日

　冷凍保存　不可

作り方

1 粉ゼラチンは水にふり入れ、10分以上ふやかしておく。

2 鍋に牛乳、コーンスターチ、砂糖を入れて中火にかける。泡立て器で混ぜながら温め、沸騰直前に火から下ろす。

3 1を加えて混ぜながら溶かす。

4 ボウルに移し、氷水に当てて冷やしながらときどき混ぜる。

5 少しとろみがつきはじめたら、バニラエッセンスを加えハンドミキサーの高速で泡立てる（2〜3分）。

6 かさが約2倍に増し、なめらかなホイップ状になったらゴムべらに変えて好みの硬さになるまでやさしく混ぜる。

Point

氷水に当てたまま放置するとゼラチンが冷えて固まってしまうので、デコレーション中は氷水から出し、約1分おきに混ぜてなめらかさをキープします。

牛乳寒天ホイップクリーム

用途（例）

ミニどら焼き(p.94)、
ケーキのデコレーション、トッピング

保存

冷蔵保存 1〜2日

冷凍保存 不可

材料 ［ でき上がり量約180g ］

牛乳……200mℓ

砂糖……大さじ1〜

粉寒天……3g

米油……大さじ1

バニラエッセンス……数滴

作り方

1 鍋に牛乳、砂糖、粉寒天を入れて中火にかけ
  る。混ぜながら温め、沸騰させる。

2 沸騰したら火を弱め1分加熱する。ざるでこ
  しながらプラスチックボウルに移す。米油と
  バニラエッセンスを加えて混ぜる。

3 そのまま置いて粗熱を取る(60℃くらいまで)。

4 泡立て器で攪拌する(10分くらい)。

5 とろみがつき、泡立て器の筋が残るくらいの
  クリーム状になったら完成。

Variation

牛乳寒天チョコホイップ

作り方 ［ でき上がり量約210g ］
「牛乳寒天ホイップクリーム
の作り方」2で、油とバニラ
エッセンスの代わりにココア
小さじ2、刻んだチョコ30g
を加える。

Point

寒天は60℃を下回るころから徐々に固
まりはじめ30℃で完全に固まります。そ
の間に絶え間なく混ぜることでなめらか
なクリームに仕上がります。熱が伝わりに
くいプラスチックボウル（ポリカーボネート
製）で泡立て器を使用するのがポイント
です。

全卵で作るカスタードクリーム

卵と牛乳のやさしい甘さと
後味の軽さが魅力のカスタードクリーム。
さまざまなスイーツに合う、
無駄がなく作りやすい配合です。

さらさらカスタードクリーム

アイスや焼き菓子、フルーツやデザートプレートなど
さまざまな用途に使えます。
スイーツを格上げできるクリームです。

全卵で作るカスタードクリーム

用途（例）

シュークリーム（p.96）

材料 ［ でき上がり量約350g ］

牛乳……250㎖

卵……1個

砂糖……45g

薄力粉……20g

バニラビーンズ……少々

バター……15g

作り方

1 ボウルに卵を割りほぐし、砂糖を加えて泡立て器でよくすり混ぜる。

2 薄力粉を加えて混ぜる。牛乳を少しずつ加えながら混ぜる。ざるでこしながら鍋に移す。

3 バニラビーンズを加えたら鍋を中火にかけ、へらでやさしく混ぜながら加熱する。

4 とろみがつきはじめたら手早く混ぜ、表面にふつふつと気泡が出てきたらさらに1分ほど混ぜる。最後にバターを加えて混ぜ、全体につやが出たら火から下ろす。

5 容器に移し、ラップをクリームの表面に密着するように張りつける。

6 粗熱を取り冷蔵庫で冷やす。

Point

濃厚に仕上げたいときは全卵1個を卵黄3個分に置き換えても。

保存

冷蔵保存 2〜3日

冷凍保存 1か月（解凍後再加熱し混ぜる）

さらさらカスタードクリーム
（アングレーズソース）

用途（例）

デザートプレート（p.98）、
アイス、焼き菓子、フルーツにかけて

材料　［でき上がり量約190g］

牛乳……140㎖

卵黄……2個

グラニュー糖……20g

バニラビーンズ……少々

作り方

1 ボウルに卵黄を入れてほぐす。グラニュー糖を加え泡立て器で白っぽくなるまで泡立て、バニラビーンズを加える。

2 牛乳は耐熱容器に入れて電子レンジで1分加熱する。1に少しずつ加えながら混ぜて、小鍋に移す。

3 湯せんで温めながら、ゴムべらでやさしく混ぜる。

4 表面の泡が消え、ゴムべらですくって弾かない程度にとろみがついたら火から下ろす（80〜83℃）。

5 ざるでこして、氷水に当てて冷やす。

Point

加熱しすぎると卵黄が固まりポロポロになってしまうので気をつけましょう。

保存

冷蔵保存 **24時間**

冷凍保存 **1か月**（解凍後混ぜる）

ミルククリーム

ミルキーでコクがあり、
どこかなつかしい味わいです。
パンに塗ったり、フルーツやクラッカーにつけて
食べるのがおすすめです。

自家製コンデンスミルク

ミルク感たっぷりの自家製コンデンスミルク。
市販品に比べて甘さも控えめで
食べ飽きないおいしさです。

ミルククリーム

用途（例）

パンやクラッカー、フルーツにつけて

材料 〔でき上がり量約240g〕

牛乳……200㎖

コーンスターチ……12g

コンデンスミルク（p.45）……30g〜

バター……5g

作り方

1 鍋にバター以外の材料を入れ、泡立て器でよく混ぜる。

2 鍋を強めの弱火にかけ、へらで混ぜながら加熱する。

3 とろみがついたらバターを加えて溶かし、全体につやが出たら火から下ろす。

4 容器に移し、ラップをクリームの表面に密着するように張りつける。

5 粗熱を取り冷蔵庫で冷やす。

保存

冷蔵保存 2〜3日

冷凍保存 1か月（解凍後再加熱し混ぜる）

Point

冷たくても温かくてもおいしく味わえます。クリームが硬い場合は牛乳を少量加えて調整してください。

Variation

チョコレートミルククリーム

材料 〔でき上がり量約285g〕

牛乳……200㎖

コーンスターチ……10g

コンデンスミルク……15g〜

チョコレート……60g

作り方

「ミルククリームの作り方」3でバターの代わりに粗く刻んだチョコレートを加える。

自家製コンデンスミルク

用途（例）

フルーツにつけて

材料 ［ でき上がり量80〜100g ］

牛乳……300㎖

砂糖……60g

作り方

1 口の広い鍋に牛乳を入れて、中火にかける。

2 吹きこぼれないように注意し、5〜6分沸騰させる。

3 砂糖を加え、混ぜながらさらに加熱する。

4 へらで混ぜて鍋底が見えるくらいまで煮詰まったら、火から下ろし、ざるでこす。

5 保存瓶に入れ、粗熱が取れたら冷蔵庫で冷やす。

Point

牛乳の代わりに豆乳でも作れます。

保存

冷蔵保存 4〜5日

冷凍保存 1か月

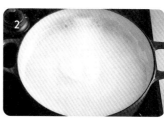

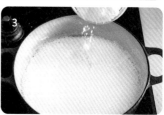

牛乳クリームチーズ

テレビ番組でも絶賛された話題の牛乳クリームチーズ。
脂肪分が少ないためヘルシーですっきりとした味わいです。
料理やお菓子作りなど、クリームチーズの代用品として幅広く使えます。

用途（例）

バスクチーズケーキ (p.100)

材料 [でき上がり量約200g]

牛乳……900ml

酢……50ml

塩……1g

作り方

1 鍋に牛乳を入れて中火にかけ、ときどき混ぜながら温める。

2 鍋の縁がふつふつとしてきたら弱火にし、酢を回し入れる。

3 分離するまでやさしく混ぜる。

4 ざるにフェルトタイプのクッキングペーパーを敷き、ひとまわり小さいボウルに重ねる。**3**を流し入れ水気（ホエー）をきる（200gの固形分が残っているとよい）。

5 ボウルに**4**を入れて塩を加え、ハンドブレンダーで混ぜる。

6 保存容器に移し、粗熱が取れたら冷蔵庫で2〜3時間冷やして完成。

Point

・酢は米酢や穀物酢などを使用してください。レモン汁でも代用できます。

・一晩置くとよりなめらかに仕上がります。

保存

冷蔵保存	2〜3日
冷凍保存	1か月（解凍後再加熱しブレンダーにかける）

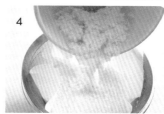

3

豆乳・豆腐・大豆クリーム

Soy cream

豆乳ふわふわホイップクリーム

豆乳を使ったふわっふわのホイップクリームです。
後味がすっきりとした「レモンver.」と、
塩分で甘さに奥行きが出る「にがりver.」を紹介します。

レモン ver.

にがり ver.

保存

冷蔵保存 1時間以内（状態が変わる）

冷凍保存 不可

豆乳ふわふわホイップクリーム

用途（例）

レモンver. ……フルーツを使ったスイーツ、バナナシフォンケーキ (p.102)

にがりver. ……あんこなど和の食材を使ったスイーツ、
　　　　　　　濃い抹茶と小豆のシフォンケーキ (p.104)

レモンver.材料 ［ でき上がり量約120g ］

無調整豆乳……100㎖

砂糖……15g

レモン汁……小さじ1

バニラエッセンス……数滴

にがりver.材料 ［ でき上がり量約145g ］

無調整豆乳……130㎖

砂糖……15g

にがり……小さじ1/4

バニラエッセンス……数滴

作り方

1 ボウルに豆乳を入れ、ハンドミキサーの高速で1分泡立てる。

2 砂糖を加えてさらに2～3分泡立てる。

3 キメの細かいホイップ状になったら、レモン汁（またはにがり）とバニラエッセンスを加えて軽く混ぜる。

Point

・大豆固形分8～9％の無調整豆乳がおすすめです。濃厚タイプの豆乳ではホイップ状にならないことがあります。

・にがりは「菱塩・五島灘の本にがり」を使用しています。

豆乳しっかり
ホイップクリーム

デコレーションもできる豆乳で作るホイップクリームです。
牛乳アレルギーの方でもデコレーションケーキを
食べていただけるように何度も試作を繰り返しました。

保存

クリーム状での保存 不可

デコレーション等使用後

　冷蔵保存 1〜2日

　冷凍保存 不可

用途（例）

ケーキやお菓子の
デコレーション、
シフォンサンド（p.106）

材料〔 でき上がり量約250g 〕

無調整豆乳……200㎖

　粉ゼラチン……5g

　水……大さじ1

コーンスターチ……5g

砂糖……20g

バニラエッセンス……数滴

ココナッツオイル（無臭タイプ）……10g

作り方

1　粉ゼラチンは水にふり入れ、10分以上ふやかしておく。

2　鍋に豆乳、コーンスターチ、砂糖を入れて中火にかける。泡立て器で混ぜながら温め、沸騰直前に火から下ろす。

3　1を加えて混ぜながら溶かす。ゼラチンが溶けたらボウルに移す。

4　常温に冷めるまで置いておく。

5　冷めたらバニラエッセンスを加え、ボウルごと氷水に当ててハンドミキサーの高速で泡立てる。

6　かさが約2倍に増し、なめらかなクリーム状になったらココナッツオイルを少しずつ加えながら混ぜる。

7　ゴムべらに変えて好みの硬さになるまでやさしく混ぜる。

┌─ Point ─────────────────────────

・急ぐときは**3**で氷水に当てて混ぜながら冷まします。
・ココナッツオイルが固まっている場合は湯せんなどで温め液体状にしてから使用します。

豆乳なめらか
カスタードクリーム

豆乳の風味がやさしく鼻から抜ける、
なめらかな舌触りの米粉で作るカスタードクリームです。
牛乳で作るカスタードクリームとは
一味違ったおいしさです。

用途（例）
りんごのオープンパイ (p.108)

材料 ［ でき上がり量340g ］
豆乳……250㎖
卵……1個
砂糖……45g
米粉……20g
バニラビーンズ……少々
バター……15g

保存
冷蔵保存 2〜3日
冷凍保存 1か月（解凍後再加熱し混ぜる）

作り方

1　ボウルに卵を割りほぐし、砂糖を加えて泡立て器でよくすり混ぜる。

2　米粉を加えて混ぜる。

3　豆乳を少しずつ加えながら混ぜる。ざるでこしながら鍋に移す。

4　バニラビーンズを加えたら、鍋を中火にかけ、へらでやさしく混ぜながら加熱する。

5　とろみがつきはじめたら手早く混ぜ、表面にふつふつと気泡が出てきたらさらに1分ほど混ぜる。最後にバターを加えて混ぜ、全体につやが出たら火から下ろす。

6　容器に移し、ラップをクリームの表面に密着するように張りつける。

7　粗熱を取り冷蔵庫で冷やす。

Point

米粉の代わりに薄力粉でも作れますが、舌触りが若干異なります。

豆腐クリーム

豆腐がなめらかクリームに大変身！
あっさりとしてクリーミーな味わいで、
体もよろこぶヘルシークリームです。

保存

冷蔵保存 1〜2日

冷凍保存 1か月（解凍後混ぜる）

用途（例）

金柑のスパイスコンポート（p.110）

材料 ［ でき上がり量約250g ］

豆腐……1丁（300g）

粉糖……20g〜（水きり後の豆腐に
　　対して10%〜がおすすめ）

レモン汁……大さじ1

ココナッツオイル（無臭タイプ）
　　……大さじ1

作り方

1 豆腐は重石をして丸一日かけて
しっかり水きりをする（急ぐときは鍋で
約5分ゆで、重石をして15〜20分置き水
きりをする）。

2 ボウルに材料をすべて合わせ、ハ
ンドブレンダーでなめらかになるま
で攪拌する。

・絹豆腐を使用するとなめらかに、木綿豆腐はもったりしたクリームになります。水
きりをしっかりするほどクリームはしっかりとした食感に仕上がります。

・豆腐の種類によって水きり後の重さは変わってきます。甘さは調整してください。

・時間が経つと水が出てくるので、再度混ぜるか水分を捨ててください。

豆乳クリームチーズ

牛乳クリームチーズの豆乳アレンジ版。
脂肪分が少ないためヘルシーですっきりとした味わいです。

保存

冷蔵保存 2〜3日

冷凍保存 1か月（解凍後再加熱しブレンダーにかける）

用途（例）

お菓子や料理などクリームチーズの代用品として、

ベークドチーズケーキ (p.112)

材料 [でき上がり量約200g]

無調整豆乳……450㎖

酢……30㎖

塩……1g

ココナッツオイル（無臭タイプ）……30g

作り方

1 鍋に豆乳を入れて中火にかけ、ときどき混ぜながら温める。

2 鍋の縁がふつふつとしてきたら弱火にし、酢を回し入れる。

3 分離するまでやさしく混ぜる（しばらく経っても分離してこない場合は酢を少々足す）。

4 ざるにフェルトタイプのキッチンペーパーを敷き、ひとまわり小さいボウルに重ねる。**3**を流し入れ水気（ホエー）をきる（170gの固形分が残っているとよい。少なければホエーを足し、多ければホエーをきる）。

5 ボウルに**4**を入れて塩とココナッツオイルを加え、ハンドブレンダーでつやが出てなめらかになるまで混ぜる。

6 保存容器に移し、粗熱が取れたら冷蔵庫で2〜3時間冷やして完成。

5

Point

・一晩置くとよりなめらかに仕上がります。

・ココナッツオイルの冷えると固まる性質を利用しているため、米油などでは代用できません。無臭タイプを使えばココナッツの風味も気にならないため幅広い料理に使えます。

・酢は米酢や穀物酢などを使用してください。レモン汁でも代用できます。

豆乳甘酒アイス

甘酒の甘味とコクが生きる豆乳で作るアイスです。
すっきりとした後味で食べやすく、
女性にうれしい栄養がたっぷり入っています。

用途（例）

食後のデザートやお口直しに

材料 〔 でき上がり量約400g 〕

豆乳……100mℓ

甘酒……300g

きな粉、黒蜜……各適量

作り方

1 ハンドブレンダーの専用カップに
豆乳と甘酒を入れ、なめらかにな
るまで攪拌する。

2 保存容器に入れて冷凍庫で一晩
冷やし固める。

3 器に盛り、きな粉と黒蜜をかける。

⌒Point⌒

甘酒は「八海山・麹だけでつくったあま
さけ」を使用しています。

保存

冷凍保存 1か月

1

大豆ふわふわホイップクリーム

大豆飲料で作るふわふわホイップクリームです。
豆乳ふわふわホイップクリームよりも濃厚で食感もクリーミーです。

用途（例）

フルーツを使ったスイーツに、
アメリカンワッフル（p.114）

材料［ でき上がり量約120g ］

大豆飲料……100㎖

砂糖……15g

レモン汁……小さじ1

バニラエッセンス……数滴

作り方

1 ボウルに大豆飲料を入れ、ハンド
ミキサーの高速で1分泡立てる。

2 砂糖を加えてさらに2～3分泡立
てる。

3 キメの細かいホイップ状になったら、
レモン汁とバニラエッセンスを加え
て軽く混ぜる。

Point

大豆飲料とは大豆を丸ごと使用した飲
料です（スジャータめいらく・のむ大豆、大
塚食品・スゴイダイズ）。

保存

冷蔵保存 **2時間**（状態が変わる）

冷凍保存 **不可**

＊なるべく作り立てを召し上がってください。2
時間以上置くと水分が分離してきます。

4

いろいろな
クリーム

Various cream

レモンクリーム

甘酸っぱいレモンクリーム。
軽くてさわやかな味わいで後味もすっきりとしています。
レモンの旬の時季にぜひ味わってみてください。
レモンの風味を生かすため、牛乳やバニラオイルは使いません。

用途（例）

濃厚レモンタルト（p.116）

材料 ［ でき上がり量約230g ］

卵黄……2個分

きび砂糖……35g

薄力粉……20g

水……150mℓ

レモン汁……30mℓ

バター（有塩）……10g

作り方

1 ボウルに卵黄を入れ泡立て器で溶きほぐす。きび砂糖と薄力粉を順に加えてすり混ぜる。

2 水を少しずつ加えながら混ぜ合わせ、レモン汁も入れる。鍋に移し、中火にかける。

3 へらでやさしく混ぜながら加熱し、表面にふつふつと気泡が出てきたらバターを加え弱火にして1分ほど加熱する。

4 保存容器に移し、粗熱が取れたら冷蔵庫で冷やす。

Point

余った卵白は冷凍もできます。マカロン作り（p.88）などに活用してください。

保存

冷蔵保存 2～3日

冷凍保存 1か月（解凍後再加熱し混ぜる）

レモンカード

パンチの効いた甘くて酸っぱいレモンクリームは
少量でも存在感がたっぷりです!
さまざまなスイーツのトッピングに使えます。

用途（例）
スコーン（p.84）、スイーツに添えて

材料 ［ でき上がり量150g ］
バター……30g
レモン汁……25㎖
卵……1個
卵黄……2個分
グラニュー糖……25g
レモンの皮のすりおろし……適量

下準備
・材料はすべて常温に戻しておく。

作り方

1 鍋にバターとレモン汁を入れて弱火にかける。バターが溶けたら火から下ろす。

2 ボウルに卵と卵黄を入れて溶きほぐす。グラニュー糖を加えて泡立て器ですり混ぜる。

3 2のボウルに1を少しずつ加えながら混ぜる。1の鍋に移し、湯せんにかける。

4 へらで混ぜながら加熱し、とろみがついてきたら火を止める。レモンの皮のすりおろしを加えて混ぜる。

5 保存容器に移し、粗熱が取れたら冷蔵庫で冷やす。

保存

冷蔵保存	1〜2日
冷凍保存	1か月

Point

高温になってしまうと卵に火が入りすぎ、なめらかに仕上がりません。湯せんにかけながらゆっくりととろみをつけていきます。

ふわふわバタークリーム

難しいと思われがちなバタークリームですが、
実は意外と簡単です。
口溶けがなめらかで形を保持しやすいので、
クッキーにサンドしたり、
デコレーションなどに向いています。

保存

冷蔵保存 1〜2日

冷凍保存 1か月

用途（例）

レーズンくるみバターサンド (p.122)、
ケーキのデコレーション

材料 ［ でき上がり量約145g ］

バター……90g

卵白……30g（卵約1個分）

きび砂糖……25g

塩……ひとつまみ

下準備

・材料はすべて常温に戻しておく。

作り方

1 ボウルに卵白、きび砂糖、塩を
入れ、混ぜながら湯せんで55〜
60℃まで温める。

2 湯せんから外し、ハンドミキサー
の高速でしっかりとツノが立つま
で泡立てる（1〜2分）。

3 別のボウルにバターを入れ、ハン
ドミキサーの高速で白っぽくなる
まで泡立てる（2〜3分）。

4 3に2を2〜3回に分けて加えて
低速で混ぜ合わせる（混ざればOK）。

 Point

きび砂糖を使用することで味に深み
が出ます。白さを出したいときはグラ
ニュー糖や上白糖を使用してください。

Variation

コーヒーバタークリーム

作り方 ［ でき上がり量約155g ］

「ふわふわバタークリームの作り
方」**4**で、インスタントコーヒー小
さじ2をお湯小さじ1で溶いて冷
ましたものを加える。

アーモンドミルク
ホイップクリーム

濃厚タイプのアーモンドミルクで作る、
なめらかでキメの細かいホイップクリームです。
コーヒーとの相性がとてもよいです。

用途（例）
コーヒーゼリー（p.124）

材料 ［ でき上がり量約290g ］
アーモンドミルク（無添加・濃厚タイプ）
　　……250㎖
｜ 粉ゼラチン……5g
｜ 水……大さじ1
砂糖……25g〜

作り方

1 粉ゼラチンは水にふり入れ、10分以上ふやかしておく。

2 鍋にアーモンドミルクの半量、**1**、砂糖を入れ、中火にかける。へらで混ぜながら温める。

3 粉ゼラチンと砂糖が溶けたら火から下ろし、残りのアーモンドミルクを加えて混ぜる。

4 ボウルに移し、氷水に当てて冷やしながらときどき混ぜる。

5 常温になったらハンドミキサーに変えて高速で5分はど泡立てる（空気を入れる作業）。

6 気泡が出て、かさが約1.5倍になったらゴムべらに変えて好みの硬さになるまでやさしく混ぜる（固める作業）。

保存

冷蔵保存 **不可**（ムース状に固まる）

冷凍保存 **不可**（ふわふわ状のアイスになる）

Point

必ず無添加・濃厚タイプのアーモンドミルクを使用してください。普通のアーモンドミルクではホイップ状にならないことが多いです。

アーモンドクリーム（クレームダマンド）

甘さ控えめのクリームなのでアーモンドの風味が生きています。

用途（例）

タルトやパイのフィリング、
アーモンドタルト (p.126)

材料 ［ でき上がり量約240g ］

バター……60g

塩……少々

砂糖……45g

卵……60g

アーモンドプードル……60g

薄力粉……7g

ラム酒……小さじ2

下準備

・材料はすべて常温に戻しておく。

作り方

1 ボウルにバター、塩、砂糖を入れて泡立て器ですり混ぜる。

2 溶きほぐした卵を4〜5回に分けて加え、そのつどよく混ぜる。

3 最後にアーモンドプードルと薄力粉をふり入れ、ラム酒を加えて混ぜる。

保存

冷蔵保存 1〜2日

冷凍保存 1か月

┌ Point ┐

混ぜるときに空気を含ませると焼いたときに大きく膨らんでしまうので、すり混ぜるようにして混ぜてください。一晩寝かせるとしっとりとした食感になります。余ったアーモンドクリームはカップに入れて焼いてもおいしいです。

ヨーグルト
ホイップクリーム

フルーツとの相性が抜群。そのまま食べるのもおすすめです。

用途（例）

ケーク・オランジュ（p.118）

材料 ［ でき上がり量235g ］

ヨーグルト（プレーン）……200㎖

　粉ゼラチン……5g
　水……大さじ1
砂糖……15g

作り方

1 粉ゼラチンは水にふり入れ、10分以上ふやかしておく。

2 鍋にヨーグルト1/2量、1、砂糖を入れ、混ぜながら弱火で温める。

3 粉ゼラチンが溶けたら火から下ろし、残りのヨーグルトを加えて混ぜる。

4 ボウルに移し、氷水に当てて冷やしながらハンドミキサーの高速で泡立てる。

5 かさが約2倍に増え、ふわふわのホイップ状になったら、ゴムべらに変えて好みの硬さになるまでやさしく混ぜる。

保存

冷蔵保存　不可（ムース状に固まる）

冷凍保存　不可

　　　　　（ふわふわ状のアイスになる）

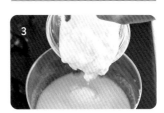

Point

氷水に当てたままにするとゼラチンの力で固まってしまうので、食べる直前に泡立てましょう。固まりはじめる前にときどき混ぜることでホイップ状を保つことが可能です。

ヨーグルトクリーム

混ぜるだけの簡単クリーム。粉糖とスキムミルクが
ヨーグルトの水分を吸ってくれるので、クリーミーに仕上がります。

用途（例）

フルーツ系のスイーツに添えて、
マンゴーそのものプリン（p.120）

材料 ［でき上がり量約230g］

ヨーグルト（プレーン）……400g
粉糖……20g
スキムミルク……小さじ2
コアントロー……小さじ1

作り方

1 ヨーグルトは8時間ほど水きりをする。

2 ボウルにすべての材料を入れ、泡立て器で
　なめらかになるまで混ぜる。

保存

冷蔵保存 3〜4日

冷凍保存 1か月（解凍後混ぜる）

1

Point

酸味の強いヨーグルトを使うと酸味の効
いたさわやかなクリームに、また酸味の
弱いヨーグルトを使うとまったりとしたク
リーミーな仕上がりになります。お好みで
使い分けてください。

きな粉クリーム

きな粉の風味と味わいをしっかり
感じられるクリームです。

用途（例）

トーストやパンに塗って

材料 ［ でき上がり量約170g ］

きな粉……40g

バター……50g

塩……少々

はちみつ……25g

砂糖……25g

豆乳（または牛乳）……30g

作り方

1 ボウルにバターと塩を入れ、泡立て器でな
めらかにする。

2 はちみつと砂糖を加えて混ぜる。

3 きな粉と豆乳を一度に入れて混ぜる。

下準備

・バターは常温に戻しておく。

保存

冷蔵保存 3〜4日

冷凍保存 1か月

3

Point

きな粉と豆乳を一度に入れて混ぜること
で、ダマになりにくくきれいに混ざります。

クリームの保存について

保存方法

クリームは殺菌消毒した容器に移し、冷蔵庫または冷凍庫で保存します。保存期間は各クリームの作り方のページに掲載していますが、ご家庭の環境によって多少異なりますので早目にお召し上がりください。また、粉ゼラチンを使用しているホイップ系クリームは、時間が経つと状態が変わるので保存には向きません。作ったらすぐにいただきましょう。

保存できないクリーム

牛乳ふわふわホイップクリーム | p.30
牛乳しっかりホイップクリーム | p.36
豆乳しっかりホイップクリーム | p.52
アーモンドミルクホイップクリーム | p.72
ヨーグルトホイップクリーム | p.75

＊豆乳ふわふわホイップクリーム（p.50）、大豆ふわふわホイップクリーム（p.62）も1〜2時間で状態が変わるので早めにいただきましょう。

保存後のいただき方

・冷蔵保存したクリーム
冷蔵庫から出してそのまま召し上がれます。

・冷凍保存したクリーム
冷蔵庫で解凍します。とくに表記のないものは解凍後そのまま召し上がれます。解凍後に少し手を加えるものもあります。必要な工程は以下の3パターンに分かれます。

冷蔵庫で解凍後、泡立て器でなめらかになるまでよく混ぜてからお召し上がりください。

さらさらカスタードクリーム | p.41
豆腐クリーム | p.56
ヨーグルトクリーム | p.76

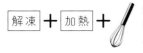

冷蔵庫で解凍後、加熱し、泡立て器でなめらかになるまでよく混ぜてからお召し上がりください。

全卵で作るカスタードクリーム | p.40
ミルククリーム | p.44
豆乳なめらかカスタードクリーム | p.54
レモンクリーム | p.66

冷蔵庫で解凍後、加熱し、ハンドブレンダーでなめらかになるまでよく混ぜてからお召し上がりください。

牛乳クリームチーズ | p.46
豆乳クリームチーズ | p.58

クリームを使ったお菓子レシピ。

Sweets recipes

それぞれのクリームにぴったり合うお菓子を考えました。
個性豊かなクリームの魅力を存分にお楽しみください。

クリームのためのガトーショコラ

クレーム・シャンティ | p.14

3つの材料で作るガトーショコラ。
甘さ控えめでほろ苦い大人のガトーショコラは、
クレーム・シャンティとの相性が抜群です。

材料 ［ 12cm丸型1台分 ］

ミルクチョコレート……100g

卵……2個

ブランデー……小さじ1

粉糖……適量

クレーム・シャンティ（7分立て）……適量

ミントの葉……適宜

下準備

・型にクッキングシートを敷く。

・卵は卵黄と卵白に分ける。卵黄は常温に戻し、卵白は冷蔵庫で冷やす。

・オーブンは150℃に予熱する。

作り方

1 ボウルに刻んだチョコレートを入れて湯せんで溶かす（60℃くらい）。

2 準備した卵黄とブランデーを加えて混ぜる。

3 別のボウルに準備した卵白を入れ、ハンドミキサーでしっかりとしたメレンゲを作る。

4 2に3を3回に分けて加えて混ぜ合わせる。

5 準備した型に流し入れ、150℃のオーブンで約30分焼く。

6 粗熱が取れたら型から外し、クッキングシートをはがす。冷蔵庫で冷やす。

7 器に盛りつけ粉糖をふる。クレーム・シャンティとミントの葉を添える。

Point

ブランデーがなければラム
酒や牛乳で代用できます。
お好みで砂糖を大さじ1程
度加えても。

パパっと華やか！
トライフル（3種）

スプーンですくって食べるお手軽トライフル。
重ねていくだけであっという間に完成します。

> ╭─ Point ─────────
>
> ・深さのある器を使うと断面が
> 　きれいに仕上がります。大き
> 　な器で作っても華やかです。
> ・カップショートケーキは市販
> 　のスポンジケーキやカステラ
> 　などで代用できます。

クレーム・シャンティ | p.14

贅沢抹茶

材料 〔 200mℓグラス2個分 〕

栗の甘露煮……6個

カップショートケーキ(p.92)
　　……2個(スポンジ部分)

クレーム・シャンティ(抹茶)……100g

粒あん……40g

抹茶パウダー……適量

作り方

1 栗の甘露煮は飾り用に2個取り分け、残りは角切りにする。

2 グラスにカップショートケーキ1/4量を敷き、クレーム・シャンティを適量のせる。

3 角切りにした栗の甘露煮、粒あんを適量のせ、もう一度**2**を繰り返す。最後は抹茶パウダーを茶こしでふりかけ、栗の甘露煮と粒あんを飾る。

欲張りチョコバナナ

材料 〔 200mℓグラス2個分 〕

バナナ(Lサイズ)……1本

レモン汁……小さじ2

カップショートケーキ(p.92)
　　……2個(スポンジ部分)

クレーム・シャンティ(チョコ)……100g

削りチョコ……少々

ローズマリー……適宜

作り方

1 バナナは角切りにし、レモン汁をふりかけておく。

2 グラスにカップショートケーキ1/4量を敷き、クレーム・シャンティ、バナナを適量のせる。

3 **2**をもう一度繰り返す。最後にバナナと削りチョコ、ローズマリーを飾る。

ベリーベリー

材料 〔 200mℓグラス2個分 〕

いちご……小粒8個

ブルーベリー……20g

ラズベリー……30g

カップショートケーキ(p.92)
　　……2個(スポンジ部分)

クレーム・シャンティ……100g

ミントの葉……適宜

作り方

1 いちごは飾り用に2個取り分けてスライスし、残りは半分に切る。

2 グラスにカップショートケーキ1/4量を敷き、クレーム・シャンティを適量のせる。

3 半分に切ったいちご、ブルーベリー、ラズベリーを適量のせ、もう一度**2**を繰り返す。最後はスライスしたいちごとブルーベリー、ミントの葉を飾る。

イングリッシュスコーン

 クロテッドクリーム | p.18　　 レモンカード | p.68

シンプルな材料で作るオーソドックススコーン。
イギリスに住んでいたときに魅了されたスコーンを何度も作り変えた、
こだわりのレシピです。半分に手で割って、
たっぷりのクロテッドクリームとジャムでいただくのが本場流です。

材料 ［ 8～9個分 ］

薄力粉……250g

ベーキングパウダー……15g

砂糖……20g

塩……3g

バター……70g

牛乳……140㎖

クロテッドクリーム……適量

お好みのジャムや
　　レモンカード……適量

下準備

・バターはできるだけ小さく切り、冷
　凍庫で冷やす。ほかの材料もすべ
　て冷やす。

・天板にクッキングシートを敷く。

・オーブンは200℃に予熱する。

Point

ふんわりとしたスコーンを作る最大のポイン
トは、作業中にバターを溶かさないこと。夏
場はバターや牛乳だけでなく、粉やボウルな
ども冷やしておくとよいでしょう。

作り方

1 フードプロセッサーに薄力粉、ベーキングパウダー、砂糖、塩を入れて攪拌する。

2 準備したバターを加え、バターが3～4mmの大きさになるまで攪拌する。

3 牛乳を回し入れたら、様子を見ながら少しずつ攪拌し、さっくり混ぜ合わせる。

4 台の上に打ち粉（分量外）をし、**3**を手で軽く広げて半分にたたむ。これをあと2～
　3回繰り返す。

5 めん棒で厚さ2～2.5cmに伸ばし、ラップで包み冷蔵庫で30分～1時間休ませる。
　粉（分量外）をつけた丸型で抜き、準備した天板の上に並べる。

6 200℃のオーブンで10～12分焼く。

7 クロテッドクリームとお好みのジャムやレモンカードをたっぷりのせていただく。

さくさくパイカスター

手間のかかるパイもフードプロセッサーを使えば簡単に作れます。
焼き立ての手作りパイは驚くほどおいしいです。
さくさくパイで極上のひとときを。

Point

生地を冷凍しておけば、いつでも好きなときにさ
くさくの焼き立てパイが味わえます。

ディプロマットクリーム | p.20

材料 〔 約9×18cmのパイ3枚分 〕

薄力粉……75g

バター……45g

塩……小さじ1/4

冷水……30㎖

ディプロマットクリーム……350g

ミックスナッツ、はちみつ、粉糖
　　……各適量

下準備

・バターは1cm角に切り、冷凍庫で30分ほ
　ど冷やす。

・天板にクッキングシートを敷く。

・オーブンは200℃に予熱する。

作り方

1 フードプロセッサーに薄力粉、準備したバ
　ター、塩を入れて攪拌する。

2 バターが均一に混ざり、さらさらの状態に
　なったら冷水を回し入れ、少しずつ攪拌す
　る。生地がゴロゴロとし大きなかたまり状
　になったら、ラップで包んで冷蔵庫で1時
　間冷やす。

3 台の上に打ち粉(分量外)をして2を取り出
　す。めん棒で20cmほどの長さに伸ばし三
　つ折りにする。90℃回転して再度20cmに
　伸ばし三つ折りにする。もう一回繰り返したら、ラップで包み、冷蔵庫で1時間ほ
　ど休ませる。

4 生地を20×30cmに伸ばし、4辺を切り落とす。残りを3等分にカットし、準備し
　た天板の上に並べ、フォークで数カ所穴を開ける(ピケ)。

5 200℃のオーブンで10〜15分焼く。

6 粗熱の取れたパイの上にディプロマットクリームを半量絞り、もう一枚のパイで
　サンドする。その上に残りのディプロマットクリームを絞り、砕いたパイと粗く
　刻んだミックスナッツをのせ、はちみつ、粉糖をかける。

ほめられマカロン

難しいと思われがちなマカロンですが
コツをつかめば意外と簡単に作れます。
さくさくとした香ばしさとむっちりとした食感が
同時に楽しめる極上スイーツ。
かわいくラッピングしてプレゼントにも最適です。

Point

マカロナージュと呼ばれるメレンゲを
潰す工程は足りないと生地が割れ、
やりすぎると膨らみません。やりすぎ
ると元には戻せないので後半は様子
を見ながら数回ずつ混ぜていくと失
敗しません。

なめらかガナッシュクリーム | p.22

材料 〔 直径約3cmのマカロン12個分 〕

粉糖……50g

・**抹茶マカロンの追加材料**

　抹茶……小さじ2(粉糖とともにふるっておく)

・**チョコマカロンの追加材料**

　ココア……小さじ2(粉糖とともにふるっておく)

・**いちごマカロンの追加材料**

　いちごパウダー……小さじ2(マカロナージュ前に加える)

　食紅……付属スプーン1/2(マカロナージュ前に加える)

アーモンドプードル(100％)……35g

卵白……35g

グラニュー糖……20g

なめらかガナッシュクリーム(お好みの味)……60g(マカロン1個に5g)

下準備

・天板にクッキングシートを敷く。

・オーブンは170℃に予熱する。

作り方

1　粉糖(抹茶味とチョコ味は追加材料入り)とアーモンドプードルは合わせてふるう。

2　ボウルに卵白を入れ、ハンドミキサーで軽く泡立てる。グラニュー糖を3回に分けて加えながらしっかりとしたメレンゲを作る。

3　1を加えて(いちご味は追加材料も加える)、ゴムべらで全体を混ぜ合わせる。

4　ゴムべらで生地をボウルの側面にこすりつけるようにしてメレンゲの泡を潰していく(マカロナージュ)。
　＊ゴムべらでボウルの底に線を引き、生地がゆっくり戻るようになるまで。

5　丸口金をつけた絞り袋に入れ、準備した天板に直径3cmの円状に24個絞り出す。

6　そのまま室温に置き、表面を触っても指に生地がつかなくなるまで乾燥させる。
　(例／室温28℃、湿度40％で1時間程度。急ぐときは扇風機などで風を当てて乾燥させる。)

7　170℃のオーブンで2分焼き、扉を開けて庫内の温度を下げ、130℃で約10分焼く。
　クッキングシートの上で冷めるまで放置する。

8　マカロンを2枚1組にしてなめらかガナッシュクリームをサンドする。

9　冷蔵庫で1時間以上冷やして味をなじませる。

ふんわっふわのパンケーキ

 牛乳ふわふわホイップクリーム | p.30

幸せの味のスフレパンケーキ。口溶けがよく、しゅわ〜と溶けていくような感覚が幸せのひとときを作り出してくれます。週末のブランチにどうぞ。

材料 〔 2〜3枚分 〕

卵……1個

牛乳……小さじ2

薄力粉……15g

砂糖……15g

塩……少々

レモン汁………小さじ1/2

油……適量

牛乳ふわふわホイップクリーム……適量

粉糖……適量

作り方

1 卵は卵白と卵黄に分けてそれぞれボウルに入れる。

2 卵黄を溶きほぐし、牛乳を加えて泡立て器で混ぜる。薄力粉をふり入れて混ぜる。

3 卵白に砂糖、塩、レモン汁を加えてハンドミキサーの高速でツノが立つまで泡立てる。

4 **2**のボウルに**3**の1/3量を加えて泡立て器で混ぜる。メレンゲが少し残るくらいで残りのメレンゲの半量を加えて軽く混ぜる。残りのメレンゲをすべて加えてメレンゲを潰さないように混ぜたら絞り袋に入れる。

5 テフロン加工のフライパンを熱し、油をひく。余分な油をキッチンペーパーでふき取り、**4**を絞る。蓋をして弱火で約5分焼き、焼き色がついたら上下を返す。蓋を外してさらに5〜6分焼く。

6 器に盛り牛乳ふわふわホイップクリームを添え、茶こしで粉糖をふる。

Point

少量の塩とレモン汁でしっかりとしたメレンゲを
作ります。上下を返した後は蓋をしないのがポイ
ントです。時間の経過とともにしぼんでくるので、
温かいうちに食べてください。

簡単お手軽♪カップショートケーキ

 牛乳しっかりホイップクリーム ｜ p.36

卵1個で作るかわいらしいショートケーキは、ナッペいらずで初心者でも
手軽に作れます。切り分けも不要でパーティーにも最適です。

材料 ［ 5個分 ］

卵 (Lサイズ)……1個

上白糖……25g

薄力粉……25g

牛乳……小さじ1

バター……5g

牛乳しっかりホイップクリーム
　　……120g

いちご……5粒

下準備

・材料はすべて常温に戻す。

・マフィン型にグラシンケースをセットする。

・牛乳とバターは合わせてレンジで10〜20秒加熱し、バターを溶かす（**a**）。

・オーブンは170℃に予熱する。

Point

余った生地は冷凍保存し、トライフル (p.82)
などに使えます。

作り方

1 ボウルに卵と上白糖を入れてハンドミキサーの高速でもったりするまで泡立てる
（約5分）。低速で1分泡立て、キメを調える。

2 薄力粉をふるい入れ、泡立て器で切るようにしっかり混ぜる。

3 準備した**a**に**2**の生地をひとすくい加え、混ぜる。これを**2**の生地に加えてつや
が出るまで混ぜる。

4 準備した型に生地を流し入れ、170℃のオーブンで約10分焼く。

5 焼き上がったら、15cmくらいの高さから落として衝撃を与え、ケーキクーラーの
上に置いて冷ます。

6 冷めたら中央に菜箸を刺し、ぐりぐりと穴を開ける。

7 牛乳しっかりホイップクリームを絞り袋に入れ、穴に絞り出す。生地の上にも絞
る。

8 いちごをのせる。

しっとりやわらかミニどら焼き

大人から子どもまで人気の和菓子、どら焼き。
小さめサイズでかわいく作ります。驚くほどしっとりでやわらかな食感、
ひとくち食べるとほっとなごむなつかしい味わいです。

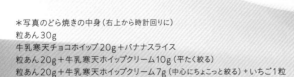

＊写真のどら焼きの中身（右上から時計回りに）
粒あん30g
牛乳寒天チョコホイップ20g＋バナナスライス
粒あん20g＋牛乳寒天ホイップクリーム10g（平たく絞る）
粒あん20g＋牛乳寒天ホイップクリーム7g（中心にちょこっと絞る）＋いちご1粒

 牛乳寒天ホイップクリーム | p.37

材料 [5個分]

卵……50g

砂糖……30g

米粉……20g

はちみつ……小さじ1

みりん……小さじ1

| 重曹……小さじ1/2

| 水……大さじ1

薄力粉……40g

油……適量

粒あん……適量

牛乳寒天ホイップクリーム……適量

いちご、バナナなど……適量

Point

しっとりと仕上げるポイントは少量のみりんとはちみつ、そして米粉です。焼き色がつきやすいので弱火で様子を見ながら焼き上げます。

下準備

・材料はすべて常温に戻す。

・重曹は水の中に入れて混ぜる(重曹液)。

作り方

1 ボウルに卵を割り入れ、泡立て器で溶きほぐす。砂糖を加えハンドミキサーで1分ほど泡立てる。

2 米粉、はちみつ、みりん、準備した重曹液を順に加えて泡立て器で混ぜる。

3 最後に薄力粉をふり入れ、切るように混ぜる。

4 テフロン加工のフライパンを熱し、油をひく。余分な油をキッチンペーパーでふき取り、弱火にする。生地を1/10量流し入れ、蓋をする。

5 2分ほど焼き、表面にぷつぷつとした穴ができ、少し乾いてきたら上下を返す。

6 軽く焼いたら、取り出して冷ます。残りも同様にして10枚焼く。

7 生地を2枚1組にし、粒あん、牛乳寒天ホイップクリーム、いちご、バナナなどをお好みで挟む。

昔ながらのシュークリーム

 全卵で作るカスタードクリーム │ p.40

焼き立てのシュー生地にたっぷりのクリームを詰め込んださっくりシュークリーム、それを冷蔵庫で寝かせたしっとりシュークリーム。お好みでどうぞ。

材料〔8個分〕

バター……45g

水……75㎖

砂糖……小さじ1/2

塩……少々

薄力粉……50g

卵……2個程度＊

全卵で作るカスタードクリーム……約700g

粉糖……適量

＊卵は入れすぎてしまうと失敗につながります。生地の硬さを見ながら最後は慎重に加えてください。

下準備

・薄力粉はふるう。

・バターと卵は常温に戻す。

・天板にクッキングシートを敷く。

・オーブンは200℃に予熱する。

作り方

1 鍋にバター、水、砂糖、塩を入れ、混ぜながら中火にかける。一煮立ちしたら火から下ろす。

2 薄力粉を一度に加えて木べらで練り合わせる。

3 再度火にかけ、弱火で混ぜながら火を通す（1分程度）。

4 火から下ろし、溶きほぐした卵を3〜4回に分けて加えてそのつど練り合わせる。木べらで生地を持ち上げ、最初の生地がポタリと落ち、その後にゆっくり次の生地が落ちてくる状態になるまで卵を加えて混ぜる。

5 口金のついた絞り袋に4を入れ、直径4cmの円状になるように準備した天板の上に絞り出す。

6 指先に水をつけ生地の上を押さえて平らにする。

7 生地の表面を霧吹きで湿らせ、200℃のオーブンで15分、その後160℃に下げて20分焼く。

8 シュー生地の上部1/3に斜めに切り込みを入れてカスタードクリームを絞る。上から粉糖をふる。

カフェ風デザートプレート

さらさらカスタードクリーム │ p.41

ミルク感たっぷりの牛乳プリンです。そのままでもおいしいですが、
カスタードクリームと合わせれば味わい深く濃厚に！

材料〔 150mℓカップのミルクプリン2個分 〕

牛乳……250mℓ

粉ゼラチン……5g

水……大さじ1

砂糖……15g

さらさらカスタードクリーム……適量

いちご、キウイ、マンゴー、チャービルなど……適量

作り方

1 粉ゼラチンは水にふり入れ、10分ふやかしておく。

2 鍋に牛乳半量、1、砂糖を入れて中火にかけ、混ぜながら温める。

3 ゼラチンが溶けたら火から下ろし、残りの牛乳を加えて混ぜる。

4 カップに流し入れ、粗熱が取れたらラップをして冷蔵庫で3〜4
時間冷やし固める。

5 4を器に出し、さらさらカスタードクリームをまわりに流す。さい
の目にカットしたフルーツとチャービルを添える。

┌ Point ┐

季節のフルーツで思い思いに彩ってみてください。フルーツの代わりにチョコ
レートソースなどを添えても。

牛乳バスクチーズケーキ

 牛乳クリームチーズ | p.46

テレビで紹介し、絶賛されたバスクチーズケーキ。よりなめらかに、
おいしくなりました。ミキサーで攪拌するだけなので、とても簡単に作れます。

材料 〔 12cm丸型1個分 〕

牛乳クリームチーズ……200g

卵……2個

砂糖……60g

コーンスターチ……15g

牛乳……100㎖

下準備

・クッキングシート (25cm正方形) をくしゃくしゃっと丸めてから広げ、
　型にしっかりと敷き込む。

・オーブンは230℃に予熱する。

作り方

1 ミキサーにすべての材料を入れてなめらかになるまで攪拌する。

2 準備した型に流し入れ、230℃のオーブンで20〜25分焼く。

3 粗熱が取れたら型に入れたままラップをして、冷蔵庫で一晩冷やす。

4 しっかりと冷えたら型から外し、好みの大きさに切り分ける。

Point

高温でしっかり焼き色をつけることでバスクチーズケーキ独特の香ばしさ
が味わえます。また冷蔵庫で一晩冷やすことで味がしっかりなじみます。

バナナシフォンケーキ

バナナの持つ甘さと水分を使って焼き上げます。
きび砂糖を使うことでコクが深まります。
バナナを存分に感じられるやさしい甘さのシフォンケーキです。

豆乳ふわふわホイップクリーム（レモン） | p.50

材料 ［ 17cmトールシフォン型1個分 ］

卵（Lサイズ）……4個（正味240〜250g）

塩……ふたつまみ

きび砂糖……65g

米油……30mℓ

完熟バナナ……1〜2本（正味150g）

薄力粉……75g

豆乳ふわふわホイップクリーム
　　（レモン）……適量

飾り用バナナ……適量

ミントの葉……適量

下準備

・バナナはフォークの背などでしっかりと潰しておく。

・シフォン型の筒にクッキングシートを巻きつけ、輪ゴムで止める（**a**）。

・卵は卵黄と卵白に分け、使う直前まで冷蔵庫で冷やす。

・オーブンは170℃に予熱する。

a

作り方

1　メレンゲを作る。ボウルに卵白と塩を入れ、ハンドミキサーで軽く泡立てる。きび砂糖50gを3回に分けて加えながら高速で泡立てる。モコモコとしたメレンゲになったら低速で約1分泡立ててキメを調える。

2　別のボウルに卵黄を入れてほぐし、きび砂糖15gを加えてハンドミキサーで白っぽくなるまで泡立てる。

3　2に米油を少しずつ加えて混ぜる。準備したバナナも加えて混ぜ合わせたら薄力粉をふるい入れ、泡立て器で混ぜる。

4　メレンゲを1/3量加えてぐるぐると混ぜる。残りのメレンゲの半量を加え、メレンゲを潰さないように混ぜる（泡立て器をボウルに沿って大きく回したら切る、を繰り返す）。

5　最後は1のボウルに4の生地を加え、大きく回しながら混ぜ合わせる。

6　準備した型に流し入れ、竹串でくるくると混ぜて大きな気泡を消す。

7　輪ゴムを外し、170℃のオーブンで30〜35分焼く。

8　焼き上がったらすぐに型ごと逆さにして冷まし、型から外す。

9　8等分に切り分け、豆乳ふわふわホイップクリーム、飾り用のバナナ、ミントの葉を添える。

Point

・黒く斑点の出た完熟バナナを使用するとよりおいしく仕上がります。

・きび砂糖をグラニュー糖や上白糖に代えてもかまいません。

濃い抹茶と小豆のシフォンケーキ

しっとりふわふわ食感にほろ苦い抹茶の風味。
小豆の甘さがクセになる自慢のシフォンケーキです。
やさしい豆乳ホイップクリームとの出合いでより贅沢な味わいに。

豆乳ふわふわホイップクリーム（にがり） | p.50

材料〔 17cmトールシフォン型1個分 〕

抹茶……10g

湯……20㎖

水……20㎖

米油……40㎖

卵（Lサイズ）……4個（正味240〜250g）

塩……ふたつまみ

きび砂糖……65g

薄力粉……70g

粒小豆……70g

豆乳ふわふわホイップクリーム
　　（にがり）……適量

粒あん……適量

下準備

・粒小豆に薄力粉小さじ1/2（分量外）
　をまぶす（**a**）。

・シフォン型の筒にクッキングシー
　トを巻きつけ、輪ゴムで止める。

・卵は卵黄と卵白に分け、使う直前ま
　で冷蔵庫で冷やす。

・オーブンは170℃に予熱する。

Point

沈みやすい粒小豆は薄力粉をまぶし、途中
で散らし入れることで均等に入ります。

作り方

1 抹茶は湯を少しずつ加えて混ぜ、ダマにならないように溶かす。水と米油を加える。

2 メレンゲを作る。ボウルに卵白と塩を入れ、ハンドミキサーで軽く泡立てる。き
　び砂糖50gを3回に分けて加えながら高速で泡立てる。モコモコとしたメレンゲ
　になったら低速で約1分泡立ててキメを調える。

3 別のボウルに卵黄を入れてほぐし、きび砂糖15gを加えてハンドミキサーで白っ
　ぽくなるまで泡立てる。

4 3に1を少しずつ加えて混ぜる。薄力粉をふるい入れ、泡立て器で混ぜる。

5 メレンゲを1/3量加えてぐるぐると混ぜる。残りのメレンゲの半量を加え、メレン
　ゲを潰さないように混ぜる（泡立て器をボウルに沿って大きく回したら切る、を繰り返す）。

6 最後は2のボウルに5の生地を加え、大きく回しながら混ぜ合わせる。

7 準備した型に生地を半量流し入れ、準備した**a**を半量散らす。残りの生地をすべ
　て流し入れ、残りの**a**を散らす。竹串でくるくると混ぜて大きな気泡を消す。

8 輪ゴムを外し、170℃のオーブンで30〜35分焼く。

9 焼き上がったらすぐに型ごと逆さにして冷まし、型から外す。

10 8等分に切り分け、豆乳ふわふわホイップクリームと粒あんを添える。

ふわふわシフォンサンド

（南国フルーツ＆抹茶あんこ）

 豆乳しっかりホイップクリーム ｜ p.52

ふわふわシフォンにすっきりとした味わいの豆乳ホイップクリームと具材を
たっぷりサンドしました。食べやすく見た目にも華やかです。

南国フルーツ

材料〔2個分〕

バナナシフォンケーキ（p.102）
　　……2切れ
マンゴー、キウイなどの南国フルーツ
　　……適量
豆乳しっかりホイップクリーム……50g
ディル、ココナッツファイン……適量

作り方

1 バナナシフォンケーキは内側に切り込みを入れ、カットした南国フルーツを入れる。

2 豆乳しっかりホイップクリームを切り込みの上まで絞り、南国フルーツをのせる。

3 飾りにディルをのせ、ココナッツファインをふる。

抹茶あんこ

材料〔2個分〕

濃い抹茶と小豆のシフォンケーキ
　　（p.104）……2切れ
粒あん……40g
豆乳しっかりホイップクリーム……50g
抹茶……適量
粒小豆……適量

作り方

1 濃い抹茶と小豆のシフォンケーキは内側に切り込みを入れ、粒あんを入れる。

2 豆乳しっかりホイップクリームを切り込みの上まで絞る。

3 飾りに粒小豆をのせ、抹茶をふる。

Point

切り込みが深すぎるとシフォンケーキが切れてしまうので気をつけてください。またクリームは切り込みの上まで絞ると仕上がりがきれいになります。

りんごのオープンパイ

さくさく感がクセになる、りんごとカスタードをたっぷりのせた
見た目にもインパクトのあるオープンパイ。
お好きなサイズにカットして召し上がれ。

豆乳なめらかカスタードクリーム | p.54

材料 [直径約20cmのパイ1個分]

薄力粉……75g

バター……45g

塩……小さじ1/4

冷水……30㎖

りんご(あれば紅玉)……小1個

コーンスターチ……小さじ1

砂糖……大さじ1

豆乳なめらかカスタードクリーム……100g

卵黄……1個分

グラニュー糖、バター……各適量

ローズマリーの枝……適宜

下準備

・バターは1cm角に切り、冷凍庫で冷やす。

・天板にクッキングシートを敷く。

・オーブンは200℃に予熱する。

作り方

1 フードプロセッサーに薄力粉、準備したバター、塩を入れて攪拌する。

2 バターが均一に混ざり、さらさらの状態になったら冷水を回し入れ、少しずつ攪拌する。生地がゴロゴロとし大きなかたまり状になったら、ラップに包んで冷蔵庫で約30分間冷やす。

3 2をラップで挟み、めん棒で直径23cmほどの円状にのばし、冷蔵庫で約1時間冷やす。

4 りんごは皮つきのまま薄くスライスして、ポリ袋の中に入れる。コーンスターチと砂糖をふり入れ、全体にまぶす。

5 準備した天板の上に3のパイ生地をのせ、中央に豆乳なめらかカスタードクリームを塗り広げる。その上に4を放射状に並べる。

6 縁を2〜3cm折り返し、その上に少量の水(分量外)で溶いた卵黄を刷毛で塗る。全体にグラニュー糖をふり、りんごの上にバター適量を散らす。

7 200℃のオーブンで25分ほど焼く。

8 ローズマリーを添える。

Point

お好みでシナモンパウダーをかけてもおいしくいただけます。

金柑のスパイスコンポート

 豆腐クリーム | p.56

スパイスの香りが鼻から抜けるオリエンタルなコンポートです。
さまざまなフルーツで作れるので、ぜひお試しください。

材料 〔 作りやすい分量 〕

金柑……1パック (300g)*

水……150㎖（＊に対して50％）

グラニュー糖……30g（＊に対して10％）

レモン汁……12g（＊に対して4％）

スパイス

シナモンスティック……1本

カルダモン……2粒

スターアニス（八角）……1個

豆腐クリーム……適量

作り方

1 金柑はきれいに洗い、ヘタを取る。大きいものは半分に切り、種を取り除く。

2 鍋に水、グラニュー糖を入れ、一煮立ちさせてグラニュー糖を溶かす。

3 レモン汁、スパイス、**1**を加える。

4 落とし蓋をして弱火にかけ、約10分間煮る。完全に冷めるまでそのまま置く。

5 粗熱が取れたら保存容器に入れて冷蔵庫で冷やす。

6 器に盛り豆腐クリームを添える。

Point

カルダモンの皮を少し割っておくと香りが出やすいです。

トンカ豆香る
ベークドチーズケーキ

上品な香りが話題のトンカ豆。
特有の芳醇な香りがクセになります。
いつものベークドチーズケーキを
ワンランク上の仕上がりに。

材料〔 直径15cm丸型1台分 〕

土台

| 全粒粉ビスケット……50g
| バター……25g

生地

| 豆乳クリームチーズ……300g
| 砂糖……70g
| 卵……1個
| 卵黄……1個分
| コーンスターチ……大さじ1
| トンカ豆……1/4個
| レモン汁……小さじ2

下準備

・バターは湯せんで溶かす。

・豆乳クリームチーズは常温に戻す。

・トンカ豆はグレーダーですり下ろす（**a**）。

・型にクッキングシートを敷く（**b**）。

・オーブンは170℃に予熱する。

作り方

1 全粒粉ビスケットはフードプロセッサーで細かく砕く。ボウルに移し準備した溶かしバターを加え、全体をムラなく混ぜ合わせたら型の底に敷き込む。

2 スプーンの背などで押して厚さを均一にし、冷蔵庫で冷やし固める。

3 別のボウルに豆乳クリームチーズを入れてへらでなめらかなクリーム状にする。砂糖を加え、しっかり混ぜる。

4 溶きほぐした卵と卵黄を少しずつ加えてよく混ぜる。

5 コーンスターチをふるい入れて混ぜ、準備したトンカ豆とレモン汁を加えてさらに混ぜる。

6 **2**に流し入れ、表面をならす。

7 160〜170℃のオーブンで35〜40分焼く。

8 焼き上がったら網の上にのせ、型ごと冷ます。粗熱が取れたら冷蔵庫で一晩冷やす。

9 型から外し、クッキングシートをはがしてお好みのサイズにカットする。

Point

冷蔵庫でしっかり冷やすことで水分と油分がなじみ、しっかりとした食感になります。

さくふわアメリカンワッフル

 大豆ふわふわホイップクリーム | p.62　　塩キャラメルクリーム | p.24

まわりはさくさく、中はふわふわ♪　アメリカンタイプのワッフルです。
発酵の時間も手間もかからないので朝ごはんやブランチなど、
思い立ったらすぐに作れます。

材料〔3〜4枚分〕

牛乳……90㎖

バター（有塩）……20g

砂糖……20g

ヨーグルト……30g

卵（Lサイズ）……1個（60g）

薄力粉……120g

ベーキングパウダー……小さじ2

大豆ふわふわホイップクリーム……適量

塩キャラメルクリーム……適量

グラノーラ……適量

下準備

・ワッフルメーカーは予熱する。

作り方

1 耐熱ボウルに牛乳とバターを入れ、電子レンジで30秒ほど温めてバターを溶かす。砂糖とヨーグルトも加えてよく混ぜる。最後に溶きほぐした卵を加えて混ぜる。

2 薄力粉とベーキングパウダーをふるい入れ、粘らないようにさっくりと混ぜ合わせる。

3 ワッフルプレートに溶かしバター（分量外）を刷毛で塗り、生地を流し入れてこんがりと焼き色がつくまで15分ほど焼く。

4 器に盛り、大豆ふわふわホイップクリームと塩キャラメルクリーム、グラノーラを添える。

Point

・粉類を粘らないようにさっくり混ぜ合わせることで軽い仕上がりになります。

・ご使用のワッフルメーカーによって焼き時間が異なるので調整してください。

さわやか濃厚レモンタルト

甘酸っぱくてさわやかなレモンの風味がクセになります。タルト型は不要です。
シリコンカップで作る縮まないタルトなのでフィリングもたっぷり入ります。

Point

ホワイトチョコレートをタルトに塗ることでクリームの水分がタルトに移るのを防ぎます。すぐに食べるときは塗らなくてもかまいません。

レモンクリーム │ p.66   クレーム・シャンティ │ p.14

材料 ［ 直径7cmのクッキー型5個分 ］

薄力粉……50g

アーモンドプードル……7.5g

塩……ひとつまみ

粉糖……15g

バター……22.5g

卵……12.5g

ホワイトチョコレート……15g

レモンクリーム……150g（タルト1個に30g）

クレーム・シャンティ（8分立て）……70g

すりおろしたレモンの皮……適量

タイムの葉……適量

下準備

・バターは1cm角に切り、冷凍庫で30分ほど冷やす。

・天板にクッキングシートを敷き、底が直径4.5cmのシリコンカップを逆さにして並べる（**a**）。

・オーブンを170℃に予熱する。

作り方

1 フードプロセッサーに薄力粉、アーモンドプードル、塩、粉糖、準備したバターを入れて攪拌する。

2 バターが均一に混ざり、さらさらの状態になったら溶きほぐした卵を回し入れ、少しずつ攪拌する。生地がゴロゴロとし大きなかたまり状になったら、ラップで包んで約30分間冷蔵庫で冷やす。

3 2をラップで挟み、めん棒で厚さ4〜5mmに伸ばし、冷蔵庫で1時間ほど冷やす。

4 直径7cmほどのクッキー丸型で抜き、準備したシリコンカップの上にのせる（余ったタルト生地は、集めて再度伸ばして使用します）。

5 170℃のオーブンで約18〜20分焼く。

6 粗熱が取れたらシリコンカップから外し、ケーキクーラーの上で冷ます。

7 ホワイトチョコレートは湯せんで溶かし、タルトの内側に刷毛で薄く塗る。

8 冷えたレモンクリームを絞り、その上にクレーム・シャンティを花形に絞る。

9 最後にレモンの皮とタイムの葉を飾る。

ワンボウルで簡単！ケーク・オランジュ

ヨーグルトホイップクリーム | p.75

さわやかなオレンジと見た目のかわいらしさが魅力のケーク・オランジュは、好きなサイズにカットできるのがうれしいところ。
クリームを添えればワンランク上の仕上がりに。

材料 ［ 15×15cmの角型1台分 ］

卵……2個

グラニュー糖……60g

塩……ふたつまみ

バター……100g

薄力粉……100g

アーモンドプードル……30g

ベーキングパウダー……小さじ2

オレンジスライス（缶）……9枚

アプリコットジャム……適量

ピスタチオ……適量

ヨーグルトホイップクリーム……適量

下準備

・バターは湯せんで溶かす。

・型にクッキングシートを敷く。

・オーブンは170℃に予熱する。

・ピスタチオは粗く刻む。

Point

缶詰のフルーツはもちろん、バナナやりんご、柿などのフレッシュフルーツでのアレンジが可能です。

作り方

1 ボウルに卵を割り入れ、泡立て器で溶きほぐす。グラニュー糖と塩を加えてよくすり混ぜる。準備した溶かしバターも入れて混ぜる。

2 薄力粉、アーモンドプードル、ベーキングパウダーをふるい入れ、ゴムべらで切るようにして粉気がなくなるまで混ぜる。

3 準備した型に流し入れ、表面を平らにしてオレンジスライスを並べる。

4 170℃のオーブンで約30分焼く。

5 4が冷めたら少量の水で薄めたアプリコットジャムをオレンジの上に塗り、準備したピスタチオを散らす。ヨーグルトホイップクリームを添える。

マンゴーそのものプリン

 ヨーグルトクリーム | p.76

まるでマンゴーそのもの！ 本物のマンゴーよりおいしい？
混ぜて固めるだけのお手軽プリンです。
甘くて濃厚なマンゴーにヨーグルトクリームの酸味がよく合います。

材料〔4個分〕

マンゴー……400g

粉ゼラチン……5g

水……大さじ1

コアントロー……小さじ1

ヨーグルトクリーム……適量

チャービル……適量

作り方

1 粉ゼラチンは水にふり入れ、10分以上ふやかしておく。

2 マンゴーは皮と種を取り除く。飾り用を適量取り置き、残りをフードプロセッサーでピューレ状にする。

3 1を電子レンジで10秒加熱し、2に加えて混ぜ合わせる。コアントローも入れて混ぜる。

4 カップに流し入れ、冷蔵庫で冷やし固める。

5 ヨーグルトクリームをのせ、飾り用のマンゴーとチャービルを飾る。

Point

コアントローはお好みの洋酒で代用できます。子どもやお酒の弱い人が食べるときは省いてください。

レーズンくるみバターサンド

ふわふわバタークリーム | p.70

さくさくクッキーにクリームをサンド。
ラム酒の効いたレーズンとカリカリのくるみがアクセントに。

材料 ［ 5〜7cmのクッキー型7個分 ］

薄力粉……100g

粉糖……45g

アーモンドプードル……25g

塩……ひとつまみ

ベーキングパウダー……ひとつまみ

バター……60g

卵……30g

ふわふわバタークリーム……100g
（バターサンド1個に15g）

ラムレーズン……8粒×7

くるみ（無塩・素焼き）……7粒

下準備

・バターは1cm角に切り、冷凍庫で30
　分ほど冷やす。

・天板にクッキングシートを敷く。

・オーブンを170℃に予熱する。

Point

・さっくりとした食感を出すポイントは作業中
にバターを溶かさないこと。フードプロセッ
サーで混ぜすぎず、手早く行いましょう。ま
た、やわらかい生地なのでラップに挟んで伸
ばすときれいに仕上がります。

・写真のクッキーは、丸いものは直径6cmの
型、四角いものは5×7cmの型を使用していま
すが、お好みの型をご使用ください。

作り方

1 フードプロセッサーに薄力粉、粉糖、アーモンドプードル、塩、ベーキングパウ
ダーと準備したバターを入れて撹拌する。

2 バターが粉類に混ざり、全体が黄色くなったら溶きほぐした卵を回し入れ、少し
ずつ撹拌する。生地がゴロゴロとし大きなかたまり状になったらラップの上に取
り出す。

3 めん棒で厚さ3mmに伸ばし、ラップで包んで冷凍庫で30分間冷やす。

4 ラップをはがしてクッキー型で抜き、準備した天板の上に並べる。170℃のオー
ブンで12〜13分焼く。

5 クッキーが冷めたら、ふわふわバタークリームとラムレーズン、粗く割ったくる
みをサンドする。

Sweets

アーモンド香るコーヒーゼリー

 アーモンドミルクホイップクリーム | p.72

どこかなつかしい味わいの昭和のコーヒーゼリー。
ぷるぷるとした食感となめらかな喉ごしが魅力です。

材料〔2～3人分〕

インスタントコーヒー……大さじ2

粉ゼラチン……10g

水……大さじ3

水……400㎖

砂糖……40g

アーモンドミルクホイップクリーム……適量

スライスアーモンド、シナモンパウダー、メープルシロップ……各適量

下準備

・スライスアーモンドはトースター(低温)で薄く色づくまで焼く。

作り方

1 粉ゼラチンは水にふり入れ、10分ふやかしておく。

2 鍋に水、1、インスタントコーヒー、砂糖を入れ、混ぜながら温める。ゼラチンが溶けたら火から下ろす。

3 保存容器に流し入れ、冷蔵庫で5～6時間冷やし固める。

4 スプーンですくってグラスに入れ、その上にアーモンドミルクホイップクリームをのせ、シナモンパウダーをふる。準備したスライスアーモンドを散らし、メープルシロップをかける。

Point

ドリップコーヒーで作る場合は、濃いめに抽出したものを使用するとおいしく仕上がります。

洋なしのさくさくアーモンドタルト

難しそうに思われるタルト生地もフードプロセッサーで作れば簡単です。
さくさくのタルト生地は手作りならではの味わいです。

Point

洋なしの代わりに桃や柿でもおいしく作れます。

 アーモンドクリーム | p.74

材料 〔 18cmタルト型1台分 〕

薄力粉……100g

アーモンドプードル……15g

塩……ふたつまみ

粉糖……30g

バター……45g

卵……25g

洋なし……1個

アーモンドクリーム……240g

ドライプルーン……6個

スライスアーモンド……適量

アプリコットジャム……適量

作り方

1 フードプロセッサーに薄力粉、アーモンドプードル、塩、粉糖、準備したバターを入れて攪拌する。

2 バターが均一に混ざり、さらさらの状態になったら溶きほぐした卵を回し入れ、少しずつ攪拌する。生地がゴロゴロとし大きなかたまり状になったら、ラップで包んで約30分間冷蔵庫で冷やす。

下準備

・バターは1cm角に切り、冷凍庫で30分ほど冷やす。

・タルト型にバター（分量外）を塗ってその上に粉（分量外）をふる。余分な粉は払い落とし、冷蔵庫で冷やす。

・オーブンは170℃に予熱する。

4

3 2をラップで挟み、めん棒で直径23cmほどの円状にのばし、冷蔵庫で約1時間冷やす。

4 3を準備したタルト型にのせ、型の凹凸に沿って、生地を指で押しながらきっちりと敷き込む。まわりの余分な生地はめん棒を転がして切り落とす。

5 フォークで底に複数穴を開けて（ピケ）、アルミホイルとタルトストーンをのせる。170℃のオーブンで15分焼いたら一旦取り出し、アルミホイルとタルトストーンを外し、そのまま冷ましておく。

6 洋なしは皮と芯を取り、6等分に切る。5mm厚さにスライスする。

7 5にアーモンドクリームを塗り広げ、6とドライプルーンを軽く押し込むように並べる。スライスアーモンドを散らし、170℃のオーブンで25〜30分ほど焼く。

8 型に入れたまま粗熱を取り、冷めたら型から外す。

9 洋なしに少量の水で薄めたアプリコットジャムを薄く塗る。

小松友子 Yuko Komatsu

サステナ料理研究家／牛乳レシピ研究家／食育インストラクター／調理師

東京都出身。慶應義塾大学卒。都内で料理教室「手作りキッチン工房Bonheur」を主宰し、誰でも気軽に実践できるサステナブルで健康的なレシピとアイデアを提案。YouTubeの料理動画配信も人気。著書に『牛乳さえあれば ふわふわホイップもクリームチーズも。かんたんおいしいスイーツ55』、『豆乳でいいんだ ふわふわホイップもクリームチーズも。からだにやさしいスイーツ53』(ともにイカロス出版)がある。

HP
https://bonheurpan.wixsite.com/mysite

YouTube「料理教室のBonちゃん」
https://www.youtube.com/@bon6967

Instagram
@bonheurpan

YouTube

お菓子好きのための

クリームの本

2024年3月11日 初版第1刷発行

著者	小松友子
発行人	山口康夫
発行	株式会社エムディエヌコーポレーション 〒101-0051 東京都千代田区 神田神保町一丁目105番地 https://books.MdN.co.jp/
発売	株式会社インプレス 〒101-0051 東京都千代田区 神田神保町一丁目105番地
印刷・製本	図書印刷株式会社

制作スタッフ

デザイン	中村 妙
撮影	中垣美沙
スタイリング	池田沙織
調理アシスタント	大島正江
イラスト	小松芽愛(加湿器)
撮影協力	UTUWA(TEL 03-6447-0070)
編集制作	高島直子
編集長	山口康夫
編集	見上 愛

Printed in Japan
©2024 Yuko Komatsu. All rights reserved.

【カスタマーセンター】
造本には万全を期しておりますが、万一、落丁・乱丁などがございましたら、送料小社負担にてお取り替えいたします。お手数ですが、カスタマーセンターまでご返送ください。

◎落丁・乱丁本などのご返送先
　〒101-005
　東京都千代田区神田神保町一丁目105番地
　株式会社エムディエヌコーポレーション
　カスタマーセンター
　TEL 03-4334-2915

◎内容に関するお問い合わせ先
　info@MdN.co.jp

◎書店・販売店のご注文受付
　株式会社インプレス 受注センター
　TEL 048-449-8040／
　FAX 048-449-8041

ISBN 978-4-295-20640-8
C2077